Rat der Europäischen Union

2013/455/EU: Beschluss des Rates vom 9. Juli 2013

zur Festlegung des im Namen der Europäischen Union in dem mit dem Abkommen zwischen der Europäischen Gemeinschaft und dem Fürstentum Monaco über die Anwendung bestimmter [...]

AP
Antiphon Verlag

Rat der Europäischen Union

2013/455/EU: Beschluss des Rates vom 9. Juli 2013

zur Festlegung des im Namen der Europäischen Union in dem mit dem Abkommen zwischen der Europäischen Gemeinschaft und dem Fürstentum Monaco über die Anwendung bestimmter [...]

1. Auflage 2026 | ISBN: 978-3-38798-707-2

Antiphon Verlag ist ein Imprint der Antiquum Novum Verlag.

Verlag: Antiquum Novum Verlag UG (haftungsbeschränkt), Im Erlengrund 6a, 35510 Butzbach, Deutschland, info@antiquum-novum.de
Vertretungsberechtigt: E. Roepke, Zeilweg 44, 60439 Frankfurt, Deutschland
Druck: Libri Plureos GmbH, Friedensallee 273, 22763 Hamburg, Deutschland

BESCHLÜSSE

BESCHLUSS DES RATES

vom 9. Juli 2013

zur Festlegung des im Namen der Europäischen Union in dem mit dem Abkommen zwischen der Europäischen Gemeinschaft und dem Fürstentum Monaco über die Anwendung bestimmter Rechtsakte der Gemeinschaft auf dem Gebiet des Fürstentums Monaco eingesetzten Gemischten Ausschuss zu vertretenden Standpunkts

(2013/455/EU)

DER RAT DER EUROPÄISCHEN UNION —

gestützt auf den Vertrag über die Arbeitsweise der Europäischen Union, insbesondere auf Artikel 207 in Verbindung mit Artikel 218 Absatz 9,

gestützt auf den Beschluss 2003/885/EG des Rates vom 17. November 2003 über den Abschluss des Abkommens über die Anwendung bestimmter Rechtsakte der Gemeinschaft auf dem Gebiet des Fürstentums Monaco (1), insbesondere auf Artikel 3 Absatz 2,

auf Vorschlag der Europäischen Kommission,

in Erwägung nachstehender Gründe:

(1) Das Abkommen zwischen der Europäischen Gemeinschaft und dem Fürstentum Monaco über die Anwendung bestimmter Rechtsakte der Gemeinschaft auf dem Gebiet des Fürstentums Monaco (2) (im Folgenden „Abkommen") trat am 1. Mai 2004 in Kraft.

(2) Gemäß Artikel 1 Absatz 1 des Abkommens wird der Anhang des Abkommens vom mit dem Abkommen eingesetzten Gemischten Ausschuss geändert, um sicherzustellen, dass die in den Anwendungsbereich des Abkommens fallenden Rechtsakte der Union auf dem Gebiet Monacos Anwendung finden.

(3) Seit Inkrafttreten des Abkommens hat die Union eine Reihe von Rechtsakten erlassen, die in den Anwendungsbereich des Abkommens fallen, und einige der im Anhang aufgeführten Rechtsakte wurden aufgehoben. Daher ist eine Aktualisierung des Anhangs erforderlich, um die neuen Rechtsakte aufzunehmen und die aufgehobenen Rechtsakte zu streichen. Darüber hinaus müssen Rechtsakte einbezogen werden, die in den Anwendungsbereich des Abkommens fallen, aber derzeit nicht in seinem Anhang aufgeführt sind, darunter die Richtlinie 2002/98/EG des Europäischen Parlaments und des Rates vom 27. Januar 2003 zur Festlegung von Qualitäts- und Sicherheitsstandards für die Gewinnung, Testung, Verarbeitung, Lagerung und Verteilung von menschlichem Blut und Blutbestandteilen (3) und die Richtlinie 2004/23/EG des Europäischen Parlaments und des Rates vom 31. März 2004 zur Festlegung von Qualitäts- und Sicherheitsstandards für die Spende, Beschaffung, Testung, Verarbeitung, Konservierung, Lagerung und Verteilung von menschlichen Geweben und Zellen (4), da einige ihrer Bestimmungen für die Herstellung von Arzneimitteln gelten.

(5) Der von der Union im Gemischten Ausschuss vertretene Standpunkt sollte auf dem beigefügten Entwurf eine Beschlusses beruhen —

HAT FOLGENDEN BESCHLUSS ERLASSEN:

Artikel 1

Der von der Europäischen Union in dem Gemischten Ausschuss, der mit dem Abkommen zwischen der Europäischen Gemeinschaft und dem Fürstentum Monaco vom über die Anwendung bestimmter Rechtsakte der Gemeinschaft auf dem Gebiet des Fürstentums Monaco eingesetzt wurde, zu vertretende Standpunkt beruht auf dem Entwurf eines Beschlusses des Gemischten Ausschusses, der dem vorliegenden Beschluss beigefügt ist.

Technische Änderungen des Entwurfs eines Beschlusses können von den Vertretern der Union im Gemischten Ausschuss ohne weiteren Beschluss des Rates vereinbart werden.

Artikel 2

Der Beschluss des Gemischten Ausschusses wird im *Amtsblatt der Europäischen Union* veröffentlicht.

Artikel 3

Dieser Beschluss tritt am Tag seiner Annahme in Kraft.

Geschehen zu Brüssel am 9. Juli 2013.

Im Namen des Rates
Der Präsident
R. ŠADŽIUS

(1) ABl. L 332 vom 19.12.2003, S. 41.
(2) ABl. L 332 vom 19.12.2003, S. 42.
(3) ABl. L 33 vom 8.2.2003, S. 30.
(4) ABl. L 102 vom 7.4.2004, S. 48.

ENTWURF

BESCHLUSS Nr. …/… DES GEMISCHTEN AUSSCHUSSES EU-MONACO

der mit dem Abkommen zwischen der Europäischen Gemeinschaft und dem Fürstentum Monaco über die Anwendung bestimmter Rechtsakte der Gemeinschaft auf dem Gebiet des Fürstentums Monaco eingesetzt wurde

vom …

zur Änderung des Anhangs jenes Abkommens

DER GEMISCHTE AUSSCHUSS —

gestützt auf das Abkommen zwischen der Europäischen Gemeinschaft und dem Fürstentum Monaco über die Anwendung bestimmter Rechtsakte der Gemeinschaft auf dem Gebiet des Fürstentums Monaco [1], am 4. Dezember 2003 in Brüssel unterzeichnet (im Folgenden „Abkommen"), insbesondere auf Artikel 1 Absatz 1,

in Erwägung nachstehender Gründe:

(1) Seit Inkrafttreten des Abkommens am 1. Mai 2004 hat die Union eine Reihe von Rechtsakten erlassen, die in den Anwendungsbereich des Abkommens fallen, und einige der im Anhang aufgeführten Rechtsakte wurden aufgehoben. Daher ist ein Beschluss des Gemischten Ausschusses zur Aktualisierung des Anhangs erforderlich, um die neuen Rechtsakte aufzunehmen und die aufgehobenen Rechtsakte zu streichen.

(2) Es sei daran erinnert, dass Rechtsakte, die von der Europäischen Kommission in Anwendung der im Anhang des Abkommens aufgeführten Rechtsakte angenommen werden, auf dem Gebiet Monacos ohne vorherigen Beschluss des Gemischten Ausschusses im Sinne von Artikel 1 Absatz 2 des Abkommens anwendbar sind —

HAT FOLGENDEN BESCHLUSS ERLASSEN:

Artikel 1

Der Wortlaut im Anhang des Abkommens zwischen der Europäischen Gemeinschaft und dem Fürstentum Monaco über die Anwendung bestimmter Rechtsakte der Gemeinschaft auf dem Gebiet des Fürstentums Monaco erhält die Fassung des Wortlauts im Anhang dieses Beschlusses.

Artikel 2

Dieser Beschluss tritt am Tag seiner Annahme in Kraft.

…

Der Gemischte Ausschuss

Der Vorsitzende

---

[1] ABl. L 332 vom 19.12.2003, S. 42.

ANHANG

„I. **ARZNEIMITTEL**

RECHTSAKTE, AUF DIE BEZUG GENOMMEN WIRD

1. Richtlinie 2001/83/EG des Europäischen Parlaments und des Rates vom 6. November 2001 zur Schaffung eines Gemeinschaftskodexes für Humanarzneimittel, geändert durch:

— die Richtlinie 2012/26/EU des Europäischen Parlaments und des Rates vom 25. Oktober 2012 hinsichtlich der Pharmakovigilanz (ABl. L 299 vom 27.10.2012, S. 1),

— die Richtlinie 2011/62/EU des Europäischen Parlaments und des Rates vom 8. Juni 2011 zur Änderung der Richtlinie 2001/83/EG zur Schaffung eines Gemeinschaftskodexes für Humanarzneimittel hinsichtlich der Verhinderung des Eindringens von gefälschten Arzneimitteln in die legale Lieferkette (ABl. L 174 vom 1.7.2011, S. 74),

— die Richtlinie 2010/84/EG des Europäischen Parlaments und des Rates vom 15. Dezember 2010 zur Änderung der Richtlinie 2001/83/EG zur Schaffung eines Gemeinschaftskodexes für Humanarzneimittel im Hinblick auf die Pharmakovigilanz (ABl. L 348 vom 31.12.2010, S. 74),

— die Richtlinie 2009/120/EG der Kommission vom 14. September 2009 zur Änderung der Richtlinie 2001/83/EG des Europäischen Parlaments und des Rates zur Schaffung eines Gemeinschaftskodexes für Humanarzneimittel im Hinblick auf Arzneimittel für neuartige Therapien (ABl. L 242 vom 15.9.2009, S. 3),

— die Richtlinie 2009/53/EG des Europäischen Parlaments und des Rates vom 18. Juni 2009 zur Änderung der Richtlinie 2001/82/EG und der Richtlinie 2001/83/EG in Bezug auf Änderungen der Bedingungen für Genehmigungen für das Inverkehrbringen von Arzneimitteln (ABl. L 168 vom 30.6.2009, S. 33),

— die Richtlinie 2008/29/EG des Europäischen Parlaments und des Rates vom 11. März 2008 zur Änderung der Richtlinie 2001/83/EG zur Schaffung eines Gemeinschaftskodexes für Humanarzneimittel im Hinblick auf die der Kommission übertragenen Durchführungsbefugnisse (ABl. L 81 vom 20.3.2008, S. 51),

— die Verordnung (EG) Nr. 1394/2007 des Europäischen Parlaments und des Rates vom 13. November 2007 über Arzneimittel für neuartige Therapien und zur Änderung der Richtlinie 2001/83/EG und der Verordnung (EG) Nr. 726/2004 (ABl. L 324 vom 10.12.2007, S. 121),

— die Verordnung (EG) Nr. 1901/2006 des Europäischen Parlaments und des Rates vom 12. Dezember 2006 über Kinderarzneimittel und zur Änderung der Verordnung (EWG) Nr. 1768/92, der Richtlinien 2001/20/EG und 2001/83/EG sowie der Verordnung (EG) Nr. 726/2004 (ABl. L 378 vom 27.12.2006, S. 1),

— die Richtlinie 2004/27/EG des Europäischen Parlaments und des Rates vom 31. März 2004 zur Änderung der Richtlinie 2001/83/EG zur Schaffung eines Gemeinschaftskodexes für Humanarzneimittel (ABl. L 136 vom 30.4.2004, S. 34),

— die Richtlinie 2004/24/EG des Europäischen Parlaments und des Rates vom 31. März 2004 zur Änderung der Richtlinie 2001/83/EG zur Schaffung eines Gemeinschaftskodexes für Humanarzneimittel hinsichtlich traditioneller pflanzlicher Arzneimittel (ABl. L 136 vom 30.4.2004, S. 85),

— die Richtlinie 2003/63/EG der Kommission vom 25. Juni 2003 zur Änderung der Richtlinie 2001/83/EG des Europäischen Parlaments und des Rates zur Schaffung eines Gemeinschaftskodexes für Humanarzneimittel (ABl. L 159 vom 27.6.2003, S. 46) und

— die Richtlinie 2002/98/EG des Europäischen Parlaments und des Rates vom 27. Januar 2003 zur Festlegung von Qualitäts- und Sicherheitsstandards für die Gewinnung, Testung, Verarbeitung, Lagerung und Verteilung von menschlichem Blut und Blutbestandteilen und zur Änderung der Richtlinie 2001/83/EG (ABl. L 33 vom 8.2.2003, S. 30).

2. Verordnung (EG) Nr. 726/2004 des Europäischen Parlaments und des Rates vom 31. März 2004 zur Festlegung von Gemeinschaftsverfahren für die Genehmigung und Überwachung von Human- und Tierarzneimitteln und zur Errichtung einer Europäischen Arzneimittel-Agentur, geändert durch:

— die Verordnung (EU) Nr. 1027/2012 des Europäischen Parlaments und des Rates vom 25. Oktober 2012 zur Änderung der Verordnung (EG) Nr. 726/2004 hinsichtlich der Pharmakovigilanz (ABl. L 316 vom 14.11.2012, S. 38),

— die Verordnung (EU) Nr. 1235/2010 des Europäischen Parlaments und des Rates vom 15. Dezember 2010 zur Änderung der Verordnung (EG) Nr. 726/2004 zur Festlegung von Gemeinschaftsverfahren für die Genehmigung und Überwachung von Human- und Tierarzneimitteln und zur Errichtung einer Europäischen Arzneimittel-Agentur hinsichtlich der Pharmakovigilanz von Humanarzneimitteln und der Verordnung (EG) Nr. 1394/2007 über Arzneimittel für neuartige Therapien (ABl. L 348 vom 31.12.2010, S. 1),

— die Verordnung (EG) Nr. 470/2009 des Europäischen Parlaments und des Rates vom 6. Mai 2009 über die Schaffung eines Gemeinschaftsverfahrens für die Festsetzung von Höchstmengen für Rückstände pharmakologisch wirksamer Stoffe in Lebensmitteln tierischen Ursprungs, zur Aufhebung der Verordnung (EWG) Nr. 2377/90 des Rates und zur Änderung der Richtlinie 2001/82/EG des Europäischen Parlaments und des Rates und der Verordnung (EG) Nr. 726/2004 des Europäischen Parlaments und des Rates (ABl. L 152 vom 16.6.2009, S. 11),

— die Verordnung (EG) Nr. 219/2009 des Europäischen Parlaments und des Rates vom 11. März 2009 zur Anpassung einiger Rechtsakte, für die das Verfahren des Artikels 251 des Vertrags gilt, an den Beschluss 1999/468/EG des Rates in Bezug auf das Regelungsverfahren mit Kontrolle — Anpassung an das Regelungsverfahren mit Kontrolle — Zweiter Teil (ABl. L 87 vom 31.3.2009, S. 109),

— die Verordnung (EG) Nr. 1394/2007 des Europäischen Parlaments und des Rates vom 13. November 2007 über Arzneimittel für neuartige Therapien und zur Änderung der Richtlinie 2001/83/EG und der Verordnung (EG) Nr. 726/2004 (ABl. L 324 vom 10.12.2007, S. 121) und

— die Verordnung (EG) Nr. 1901/2006 des Europäischen Parlaments und des Rates vom 12. Dezember 2006 über Kinderarzneimittel und zur Änderung der Verordnung (EWG) Nr. 1768/92, der Richtlinien 2001/20/EG und 2001/83/EG sowie der Verordnung (EG) Nr. 726/2004 (ABl. L 378 vom 27.12.2006, S. 1).

3. Richtlinie 2001/82/EG des Europäischen Parlaments und des Rates vom 6. November 2001 zur Schaffung eines Gemeinschaftskodexes für Tierarzneimittel, geändert durch:

— die Verordnung (EG) Nr. 596/2009 des Europäischen Parlaments und des Rates vom 18. Juni 2009 zur Anpassung einiger Rechtsakte, für die das Verfahren des Artikels 251 des Vertrags gilt, an den Beschluss 1999/468/EG des Rates in Bezug auf das Regelungsverfahren mit Kontrolle — Anpassung an das Regelungsverfahren mit Kontrolle — Vierter Teil (ABl. L 188 vom 18.7.2009, S. 14),

— die Richtlinie 2009/53/EG des Europäischen Parlaments und des Rates vom 18. Juni 2009 zur Änderung der Richtlinie 2001/82/EG und der Richtlinie 2001/83/EG in Bezug auf Änderungen der Bedingungen für Genehmigungen für das Inverkehrbringen von Arzneimitteln (ABl. L 168 vom 30.6.2009, S. 33),

— die Verordnung (EG) Nr. 470/2009 des Europäischen Parlaments und des Rates vom 6. Mai 2009 über die Schaffung eines Gemeinschaftsverfahrens für die Festsetzung von Höchstmengen für Rückstände pharmakologisch wirksamer Stoffe in Lebensmitteln tierischen Ursprungs, zur Aufhebung der Verordnung (EWG) Nr. 2377/90 des Rates und zur Änderung der Richtlinie 2001/82/EG des Europäischen Parlaments und des Rates und der Verordnung (EG) Nr. 726/2004 des Europäischen Parlaments und des Rates (ABl. L 152 vom 16.6.2009, S. 11),

— die Richtlinie 2009/9/EG der Kommission vom 10. Februar 2009 zur Änderung der Richtlinie 2001/82/EG des Europäischen Parlaments und des Rates zur Schaffung eines Gemeinschaftskodexes für Tierarzneimittel (ABl. L 44 vom 14.2.2009, S. 10) und

— die Richtlinie 2004/28/EG des Europäischen Parlaments und des Rates vom 31. März 2004 zur Änderung der Richtlinie 2001/82/EG zur Schaffung eines Gemeinschaftskodexes für Tierarzneimittel (ABl. L 136 vom 30.4.2004, S. 58).

4. Verordnung (EG) Nr. 297/95 des Rates vom 10. Februar 1995 über die Gebühren der Europäischen Agentur für die Beurteilung von Arzneimitteln, geändert durch:

— die Verordnung (EG) Nr. 2743/98 des Rates vom 14. Dezember 1998 (ABl. L 345 vom 19.12.1998, S. 3),

— die Verordnung (EG) Nr. 494/2003 der Kommission vom 18. März 2003 (ABl. L 73 vom 19.3.2003, S. 6),

— die Verordnung (EG) Nr. 1905/2005 des Rates vom 14. November 2005 (ABl. L 304 vom 23.11.2005, S. 1),

— die Verordnung (EG) Nr. 312/2008 der Kommission vom 3. April 2008 (ABl. L 93 vom 4.4.2008, S. 8),

— die Verordnung (EG) Nr. 249/2009 der Kommission vom 23. März 2009 (ABl. L 79 vom 25.3.2009, S. 34),

— die Verordnung (EU) Nr. 261/2010 der Kommission vom 25. März 2010 (ABl. L 80 vom 26.3.2010, S. 36),

— die Verordnung (EU) Nr. 301/2011 der Kommission vom 28. März 2011 (ABl. L 81 vom 29.3.2011, S. 5),

— die Verordnung (EU) Nr. 273/2012 der Kommission vom 27. März 2012 (ABl. L 90 vom 28.3.2012, S. 11) und

— die Verordnung (EU) Nr. 220/2013 der Kommission vom 13. März 2013 (ABl. L 70 vom 14.3.2013, S. 1).

5. Verordnung (EG) Nr. 470/2009 des Europäischen Parlaments und des Rates vom 6. Mai 2009 über die Schaffung eines Gemeinschaftsverfahrens für die Festsetzung von Höchstmengen für Rückstände pharmakologisch wirksamer Stoffe in Lebensmitteln tierischen Ursprungs, zur Aufhebung der Verordnung (EWG) Nr. 2377/90 des Rates und zur Änderung der Richtlinie 2001/82/EG des Europäischen Parlaments und des Rates und der Verordnung (EG) Nr. 726/2004 des Europäischen Parlaments und des Rates (ABl. L 152 vom 16.6.2009, S. 11).

6. Verordnung (EG) Nr. 668/2009 der Kommission vom 24. Juli 2009 zur Umsetzung der Verordnung (EG) Nr. 1394/2007 des Europäischen Parlaments und des Rates im Hinblick auf die Beurteilung und Zertifizierung von qualitätsbezogenen und nichtklinischen Daten zu von Kleinstunternehmen und kleinen und mittleren Unternehmen entwickelten Arzneimitteln für neuartige Therapien (ABl. L 194 vom 25.7.2009, S. 7).

7. Verordnung (EU) Nr. 37/2010 der Kommission vom 22. Dezember 2009 über pharmakologisch wirksame Stoffe und ihre Einstufung hinsichtlich der Rückstandshöchstmengen in Lebensmitteln tierischen Ursprungs, geändert durch:

— die Verordnung (EU) Nr. 758/2010 der Kommission vom 24. August 2010 (ABl. L 223, 25.8.2010, S. 37),

— die Verordnung (EU) Nr. 759/2010 der Kommission vom 24. August 2010 (ABl. L 223 vom 25.8.2010, S. 39),

— die Verordnung (EU) Nr. 761/2010 der Kommission vom 25. August 2010 (ABl. L 224 vom 26.8.2010, S. 1),

— die Verordnung (EU) Nr. 890/2010 der Kommission vom 8. Oktober 2010 (ABl. L 266 vom 9.10.2010, S. 1),

— die Verordnung (EU) Nr. 914/2010 der Kommission vom 12. Oktober 2010 (ABl. L 269 vom 13.10.2010, S. 5),

— die Verordnung (EU) Nr. 362/2011 der Kommission vom 13. April 2011 (ABl. L 100 vom 14.4.2011, S. 26),

— die Verordnung (EU) Nr. 363/2011 der Kommission vom 13. April 2011 (ABl. L 100 vom 14.4.2011, S. 28),

— die Durchführungsverordnung (EU) Nr. 84/2012 der Kommission vom 1. Februar 2012 (ABl. L 30 vom 2.2.2012, S. 1),

— die Durchführungsverordnung (EU) Nr. 85/2012 der Kommission vom 1. Februar 2012 (ABl. L 30 vom 2.2.2012, S. 4),

— die Durchführungsverordnung (EU) Nr. 86/2012 der Kommission vom 1. Februar 2012 (ABl. L 30 vom 2.2.2012, S. 6),

— die Durchführungsverordnung (EU) Nr. 107/2012 der Kommission vom 8. Februar 2012 (ABl. L 36 vom 9.2.2012, S. 25),

— die Durchführungsverordnung (EU) Nr. 122/2012 der Kommission vom 13. Februar 2012 (ABl. L 40 vom, 14.2.2012, S. 2),

— die Durchführungsverordnung (EU) Nr. 123/2012 der Kommission vom 13. Februar 2012 (ABl. L 40 vom 14.2.2012, S. 4),

— die Durchführungsverordnung (EU) Nr. 201/2012 der Kommission vom 8. März 2012 (ABl. L 71, 9.3.2012, S. 37),

— die Durchführungsverordnung (EU) Nr. 202/2012 der Kommission vom 8. März 2012 (ABl. L 71 vom 9.3.2012, S. 40),

— die Durchführungsverordnung (EU) Nr. 221/2012 der Kommission vom 14. März 2012 (ABl. L 75 vom 15.3.2012, S. 7),

— die Durchführungsverordnung (EU) Nr. 222/2012 der Kommission vom 14. März 2012 (ABl. L 75 vom 15.3.2012, S. 10),

— die Durchführungsverordnung (EU) Nr. 436/2012 der Kommission vom 23. Mai 2012 (ABl. L 134 vom 24.5.2012, S. 10),

— die Durchführungsverordnung (EU) Nr. 466/2012 der Kommission vom 1. Juni 2012 (ABl. L 143 vom 2.6.2012, S. 2),

— die Durchführungsverordnung (EU) Nr. 1161/2012 der Kommission vom 7. Dezember 2012 (ABl. L 336 vom 8.12.2012, S. 14),

— die Durchführungsverordnung (EU) Nr. 1186/2012 der Kommission vom 11. Dezember 2012 (ABl. L 338 vom 12.12.2012, S. 20),

— die Durchführungsverordnung (EU) Nr. 1191/2012 der Kommission vom 12. Dezember 2012 (ABl. L 340 vom 13.12.2012, S. 35),

— die Durchführungsverordnung (EU) Nr. 59/2013 der Kommission vom 23. März 2013 (ABl. L 21 vom 24.1.2013, S. 21),

— die Durchführungsverordnung (EU) Nr. 115/2013 der Kommission vom 8. Februar 2013 (ABl. L 38 vom 9.2.2013, S. 11.),

— die Durchführungsverordnung (EU) Nr. 116/2013 der Kommission vom 8. Februar 2013 (ABl. L 38 vom 9.2.2013, S. 14),

— die Durchführungsverordnung (EU) Nr. 394/2013 der Kommission vom 12. Dezember 2013 (ABl. L 118 vom 30.4.2013, S. 17) und

— die Durchführungsverordnung (EU) Nr. 406/2013 der Kommission vom 2. Mai 2013 (ABl. L 121 vom 3.5.2013, S. 42).

8. Verordnung (EU) Nr. 488/2012 der Kommission vom 8. Juni 2012 zur Änderung der Verordnung (EG) Nr. 658/2007 über finanzielle Sanktionen bei Verstößen gegen bestimmte Verpflichtungen im Zusammenhang mit Zulassungen, die gemäß der Verordnung (EG) Nr. 726/2004 des Europäischen Parlaments und des Rates erteilt wurden (ABl. L 150 vom 9.6.2012, S. 68).

9. Verordnung (EG) Nr. 1234/2008 der Kommission vom 24. November 2008 über die Prüfung von Änderungen der Zulassungen von Human- und Tierarzneimitteln, geändert durch die Verordnung (EU) Nr. 712/2012 der Kommission vom 3. August 2012 zur Änderung der Verordnung (EG) Nr. 1234/2008 über die Prüfung von Änderungen der Zulassungen von Human- und Tierarzneimitteln (ABl. L 209 vom 4.8.2012, S. 4).

10. Durchführungsverordnung (EU) Nr. 198/2013 der Kommission vom 7. März 2013 über die Wahl eines Symbols für die Kennzeichnung von Humanarzneimitteln, die einer zusätzlichen Überwachung unterliegen (ABl. L 65 vom 8.3.2013, S. 17).

11. Verordnung (EG) Nr. 469/2009 des Europäischen Parlaments und des Rates vom 6. Mai 2009 über das ergänzende Schutzzertifikat für Arzneimittel (ABl. L 152 vom 16.6.2009, S. 1).

12. Richtlinie 2009/35/EG des Europäischen Parlaments und des Rates vom 23. April 2009 über die Stoffe, die Arzneimitteln zum Zwecke der Färbung hinzugefügt werden dürfen (ABl. L 109 vom 30.4.2009, S. 10).

13. Verordnung (EG) Nr. 1394/2007 des Europäischen Parlaments und des Rates vom 13. November 2007 über Arzneimittel für neuartige Therapien und zur Änderung der Richtlinie 2001/83/EG und der Verordnung (EG) Nr. 726/2004 (ABl. L 324 vom 10.12.2007, S. 121), geändert durch die Verordnung (EU) Nr. 1235/2010 des Europäischen Parlaments und des Rates vom 15. Dezember 2010 (ABl. L 348 vom 31.12.2010, S. 1).

14. Verordnung (EG) Nr. 658/2007 der Kommission vom 14. Juni 2007 über finanzielle Sanktionen bei Verstößen gegen bestimmte Verpflichtungen im Zusammenhang mit Zulassungen, die gemäß der Verordnung (EG) Nr. 726/2004 des Europäischen Parlaments und des Rates (ABl. L 155 vom 15.6.2007, S. 10).

15. Verordnung (EG) Nr. 1901/2006 des Europäischen Parlaments und des Rates vom 12. Dezember 2006 über Kinderarzneimittel und zur Änderung der Verordnung (EWG) Nr. 1768/92, der Richtlinien 2001/20/EG und 2001/83/EG sowie der Verordnung (EG) Nr. 726/2004 (ABl. L 378 vom 27.12.2006, S. 1-, geändert durch:

    — die Verordnung (EG) Nr. 469/2009 des Europäischen Parlaments und des Rates vom 6. Mai 2009 (ABl. L 152 vom 16.6.2009, S. 1),

    — die Verordnung (EG) Nr. 1902/2006 des Europäischen Parlaments und des Rates vom 20. Dezember 2006 (ABl. L 378 vom 27.12.2006, S. 20).

16. Verordnung (EG) Nr. 507/2006 der Kommission vom 29. März 2006 über die bedingte Zulassung von Humanarzneimitteln, die unter den Geltungsbereich der Verordnung (EG) Nr. 726/2004 des Europäischen Parlaments und des Rates fallen (ABl. L 92 vom 30.3.2006, S. 6).

17. Verordnung (EG) Nr. 2049/2005 der Kommission vom 15. Dezember 2005 zur Festlegung, aufgrund der Verordnung (EG) Nr. 726/2004 des Europäischen Parlaments und des Rates, von Regeln für die Entrichtung von Gebühren an die Europäische Arzneimittel-Agentur durch Kleinstunternehmen und kleine und mittlere Unternehmen sowie für deren administrative Unterstützung durch die Europäische Arzneimittel-Agentur (ABl. L 329 vom 16.12.2005, S. 4).

18. Richtlinie 2005/28/EG der Kommission vom 8. April 2005 zur Festlegung von Grundsätzen und ausführlichen Leitlinien der guten klinischen Praxis für zur Anwendung beim Menschen bestimmte Prüfpräparate sowie von Anforderungen für die Erteilung einer Genehmigung zur Herstellung oder Einfuhr solcher Produkte (ABl. L 91 vom 9.4.2005, S. 13).

19. Richtlinie 2004/10/EG des Europäischen Parlaments und des Rates vom 11. Februar 2004 zur Angleichung der Rechts- und Verwaltungsvorschriften für die Anwendung der Grundsätze der Guten Laborpraxis und zur Kontrolle ihrer Anwendung bei Versuchen mit chemischen Stoffen (ABl. L 50 vom 20.2.2004, S. 44), geändert durch die Verordnung (EG) Nr. 219/2009 des Europäischen Parlaments und des Rates vom 11. März 2009 (ABl. L vom 31.3.2009, S. 109).

20. Richtlinie 2004/9/EG des Europäischen Parlaments und des Rates vom 11. Februar 2004 über die Inspektion und Überprüfung der Guten Laborpraxis (GLP) (ABl. L 50 vom 20.2.2004, S. 28), geändert durch die Verordnung (EG) Nr. 219/2009 des Europäischen Parlaments und des Rates vom 11. März 2009 (ABl. L 87 vom 31.3.2009, S. 109).

21. Richtlinie 2003/94/EG der Kommission vom 8. Oktober 2003 zur Festlegung der Grundsätze und Leitlinien der Guten Herstellungspraxis für Humanarzneimittel und für zur Anwendung beim Menschen bestimmte Prüfpräparate (ABl. L 262 vom 14.10.2003, S. 22).

22. Verordnung (EG) Nr. 953/2003 des Rates vom 26. Mai 2003 zur Vermeidung von Handelsumlenkungen bei bestimmten grundlegenden Arzneimitteln in die Europäische Union (ABl. L 135 vom 3.6.2003, S. 5-11), geändert durch:

— die Verordnung (EG) Nr. 1876/2004 der Kommission vom 28. Oktober 2004 (ABl. L vom 29.10.2004, S. 22) und

— die Verordnung (EG) Nr. 1662/2005 der Kommission vom 11. Oktober 2005 (ABl. L 267 vom 12.10.2005, S. 19).

23. Verordnung (EG) Nr. 141/2000 des Europäischen Parlaments und des Rates vom 16. Dezember 1999 über Arzneimittel für seltene Leiden (ABl. L 18 vom 22.1.2000), geändert durch die Verordnung (EG) Nr. 596/2009 des Europäischen Parlaments und des Rates vom 18. Juni 2009 (ABl. L 188 vom 18.7.2009, S. 14).

24. Richtlinie 91/412/EWG der Kommission vom 23. Juli 1991 zur Festlegung der Grundsätze und Leitlinien der Guten Herstellungspraxis für Tierarzneimittel (ABl. L 228 vom 17.8.1991, S. 70).

25. Richtlinie 89/105/EWG des Rates vom 21. Dezember 1988 betreffend die Transparenz von Maßnahmen zur Regelung der Preisfestsetzung bei Arzneimitteln für den menschlichen Gebrauch und ihre Einbeziehung in die staatlichen Krankenversicherungssysteme (ABl. L 40 vom 11.2.1989, S. 81).

26. Richtlinie 2001/20/EG des Europäischen Parlaments und des Rates vom 4. April 2001 zur Angleichung der Rechts- und Verwaltungsvorschriften der Mitgliedstaaten über die Anwendung der guten klinischen Praxis bei der Durchführung von klinischen Prüfungen mit Humanarzneimitteln (ABl. L 121 vom 1.5.2001, S. 34), geändert durch:

— die Verordnung (EG) Nr. 1901/2006 des Europäischen Parlaments und des Rates vom 12. Dezember 2006 (ABl. L 378 vom 27.12.2006, S. 1) und

— die Verordnung (EG) Nr. 596/2009 des Europäischen Parlaments und des Rates vom 18. Juni 2009 (ABl. L 188 vom 18.7.2009, S. 14).

27. Richtlinie 2002/98/EG des Europäischen Parlaments und des Rates vom 27. Januar 2003 zur Festlegung von Qualitäts- und Sicherheitsstandards für die Gewinnung, Testung, Verarbeitung, Lagerung und Verteilung von menschlichem Blut und Blutbestandteilen und zur Änderung der Richtlinie 2001/83/EG (ABl. L 33 vom 8.2.2003, S. 30) (lediglich in Bezug auf die Gewinnung und Testung von Blut und Blutbestandteilen, die als Ausgangsmaterialien für die Herstellung von Arzneimitteln verwendet werden).

28. Richtlinie 2004/23/EG des Europäischen Parlaments und des Rates vom 31. März 2004 zur Festlegung von Qualitäts- und Sicherheitsstandards für die Spende, Beschaffung, Testung, Verarbeitung, Konservierung, Lagerung und Verteilung von menschlichen Geweben und Zellen (ABl. L 102 vom 7.4.2004, S. 48) (lediglich in Bezug auf die Beschaffung und Spende, Kodierung und Testung von Gewebe und Zellen sowie in Bezug auf die Kodierung von Spenden und ihre Verpackung, die als Ausgangsmaterialien für die in der Verordnung (EG) Nr. 1394/2007 des Europäischen Parlaments und des Rates genannten Arzneimittel für neuartige Therapien verwendet werden.

II. **KOSMETISCHE MITTEL**

RECHTSAKTE, AUF DIE BEZUG GENOMMEN WIRD

1. Richtlinie 76/768/EWG des Rates vom 27. Juli 1976 zur Angleichung der Rechtsvorschriften der Mitgliedstaaten über kosmetische Mittel (ABl. L 262 vom 27.9.1976, S. 169), geändert durch:

— die Richtlinie 79/661/EWG des Rates vom 24. Juli 1979 (ABl. L 192 vom 31.7.1979, S. 35),

— die Richtlinie 82/147/EWG der Kommission vom 11. Februar 1982 (ABl. L 63 vom 6.3.1982, S. 26),

— die Richtlinie 82/368/EWG des Rates vom 17. Mai 1982 (ABl. L 167 vom 15.6.1982, S. 1),

— die Richtlinie 83/191/EWG der Kommission vom 30. März 1983 (ABl. L 109 vom 26.4.1983, S. 25),

— die Richtlinie 83/341/EWG der Kommission vom 29. Juni 1983 (ABl. L 188 vom 13.7.1983, S. 15),

— die Richtlinie 83/496/EWG der Kommission vom 22. September 1983 (ABl. L 275 vom 8.10.1983, S. 20),

— die Richtlinie 83/574/EWG des Rates vom 26. Oktober 1983 (ABl. L 332 vom 28.11.1983, S. 38),

— die Richtlinie 84/415/EWG der Kommission vom 18. Juli 1984 (ABl. L 228 vom 25.8.1984, S. 31),

— die Richtlinie 85/391/EWG der Kommission vom 16. Juli 1985 (ABl. L 224 vom 22.8.1985, S. 40),

— die Richtlinie 86/179/EWG der Kommission vom 28. Februar 1986 (ABl. L 138 vom 24.5.1986, S. 40),

— die Richtlinie 86/199/EWG der Kommission vom 26. März 1986 (ABl. L 149 vom 3.6.1986, S. 38),

— die Richtlinie 87/137/EWG der Kommission vom 2. Februar 1987 (ABl. L 56 vom 26.2.1987, S. 20),

— die Richtlinie 88/233/EWG der Kommission vom 2. März 1988 (ABl. L 105 vom 26.4.1988, S. 11),

— die Richtlinie 88/667/EWG des Rates vom 21. Dezember 1988 (ABl. L 382 vom 31.12.1988, S. 46),

— die Richtlinie 89/174/EWG der Kommission vom 21. Februar 1989 (ABl. L 64 vom 8.3.1989, S. 10),

— die Richtlinie 89/679/EWG des Rates vom 21. Dezember 1989 (ABl. L 398 vom 30.12.1989, S. 25),

— die Richtlinie 90/121/EWG der Kommission vom 20. Februar 1990 (ABl. L 71 vom 17.3.1990, S. 40),

— die Richtlinie 91/184/EWG der Kommission vom 12. März 1991 (ABl. L 91 vom 12.4.1991, S. 59),

— die Richtlinie 92/8/EWG der Kommission vom 18. Februar 1992 (ABl. L 70 vom 17.3.1992, S. 23),

— die Richtlinie 92/86/EWG der Kommission vom 21. Oktober 1992 (ABl. L 325 vom 11.11.1992, S. 18),

— die Richtlinie 93/35/EWG des Rates vom 14. Juni 1993 (ABl. L 151 vom 23.6.1993, S. 32),

— die Richtlinie 93/47/EWG der Kommission vom 22. Juni 1993 (ABl. L 203 vom 13.8.1993, S. 24),

— die Richtlinie 94/32/EG der Kommission vom 29. Juni 1994 (ABl. L 181 vom 15.7.1994, S. 31),

— die Richtlinie 95/34/EG der Kommission vom 10. Juli 1995 (ABl. L 167 vom 18.7.1995, S. 19),

— die Richtlinie 96/41/EG der Kommission vom 25. Juni 1996 (ABl. L 198 vom 8.8.1996, S. 36),

— die Richtlinie 97/1/EG der Kommission vom 10. Januar 1997 (ABl. L 16 vom 18.1.1997, S. 85),

— die Richtlinie 97/18/EG der Kommission vom 17. April 1997 (ABl. L 114 vom 1.5.1997, S. 43),

— die Richtlinie 97/45/EG der Kommission vom 14. Juli 1997 (ABl. L 196 vom 24.7.1997, S. 77),

— die Richtlinie 98/16/EG der Kommission vom 5. März 1998 (ABl. L 77 vom 14.3.1998, S. 44),

— die Richtlinie 98/62/EG der Kommission vom 3. September 1998 (ABl. L 253 vom 15.9.1998, S. 20),

— die Richtlinie 2000/6/EG der Kommission vom 29. Februar 2000 (ABl. L 56 vom 1.3.2000, S. 42),

— die Richtlinie 2000/11/EG der Kommission vom 10. März 2000 (ABl. L 65 vom 14.3.2000, S. 22),

— die Richtlinie 2000/41/EG der Kommission vom 19. Juni 2000 (ABl. L 145 vom 20.6.2000, S. 25),

— die Richtlinie 2002/34/EG der Kommission vom 15. April 2002 (ABl. L 102 vom 18.4.2002, S. 19),

— die Richtlinie 2003/1/EG der Kommission vom 6. Januar 2003 (ABl. L 5 vom 10.1.2003, S. 14),

— die Richtlinie 2003/16/EG der Kommission vom 19. Februar 2003 (ABl. L 46 vom 20.2.2003, S. 24),

— die Richtlinie 2003/15/EG des Europäischen Parlaments und des Rates vom 27. Februar 2003 (ABl. L 66 vom 11.3.2003, S. 26),

— die Richtlinie 2003/80/EG der Kommission vom 5. September 2003 (ABl. L 224 vom 6.9.2003, S. 27),

— die Richtlinie 2003/83/EG der Kommission vom 24. September 2003 (ABl. L 238 vom 25.9.2003, S. 23),

— die Richtlinie 2004/87/EG der Kommission vom 7. September 2004 (ABl. L 287 vom 8.9.2004, S. 4),

— die Richtlinie 2004/88/EG der Kommission vom 7. September 2004 (ABl. L 287 vom 8.9.2004, S. 5),

— die Richtlinie 2004/94/EG der Kommission vom 15. September 2004 (ABl. L 294 vom 17.9.2004, S. 28),

— die Richtlinie 2004/93/EG der Kommission vom 21. September 2004 (ABl. L 300 vom 25.9.2004, S. 13),

— die Richtlinie 2005/9/EG der Kommission vom 28. Januar 2005 (ABl. L 27 vom 29.1.2005, S. 46),

— die Richtlinie 2005/42/EG der Kommission vom 20. Juni 2005 (ABl. L 158 vom 21.6.2005, S. 17),

— die Richtlinie 2005/52/EG der Kommission vom 9. September 2005 (ABl. L 234 vom 10.9.2005, S. 9),

— die Richtlinie 2005/80/EG der Kommission vom 21. November 2005 (ABl. L 303 vom 22.11.2005, S. 32),

— die Richtlinie 2006/65/EG der Kommission vom 19. Juli 2006 (ABl. L 198 vom 20.7.2006, S. 11),

— die Richtlinie 2006/78/EG der Kommission vom 29. September 2006 (ABl. L 271 vom 30.9.2006, S. 56),

— die Richtlinie 2007/1/EG der Kommission vom 29. Januar 2007 (ABl. L 25 vom 1.2.2007, S. 9),

— die Richtlinie 2007/17/EG der Kommission vom 22. März 2007 (ABl. L 82 vom 23.3.2007, S. 27),

— die Richtlinie 2007/22/EG der Kommission vom 17. April 2007 (ABl. L 101 vom 18.4.2007, S. 11),

— die Richtlinie 2007/53/EG der Kommission vom 29. August 2007 (ABl. L 226 vom 30.8.2007, S. 19),

— die Richtlinie 2007/54/EG der Kommission vom 29. August 2007 (ABl. L 226 vom 30.8.2007, S. 21),

— die Richtlinie 2007/67/EG der Kommission vom 22. November 2007 (ABl. L 305 vom 23.11.2007, S. 22),

— die Richtlinie 2008/14/EG der Kommission vom 15. Februar 2008 (ABl. L 42 vom 16.2.2008, S. 43),

— die Richtlinie 2008/42/EG der Kommission vom 3. April 2008 (ABl. L 93 vom 4.4.2008, S. 13),

— die Richtlinie 2008/88/EG der Kommission vom 23. September 2008 (ABl. L 256 vom 24.9.2008, S. 12),

— die Richtlinie 2008/123/EG der Kommission vom 18. Dezember 2008 (ABl. L 340 vom 19.12.2008, S. 71),

— die Richtlinie 2008/112/EG des Europäischen Parlaments und des Rates vom 16. Dezember 2008 (ABl. L 345 vom 23.12.2008, S. 68),

— die Richtlinie 2009/6/EG der Kommission vom 4. Februar 2009 (ABl. L 36 vom 5.2.2009, S. 15),

— die Richtlinie 2009/36/EG der Kommission vom 16. April 2009 (ABl. L 98 vom 17.4.2009, S. 31),

— die Richtlinie 2009/129/EG der Kommission vom 9. Oktober 2009 (ABl. L 267 vom 10.10.2009, S. 18),

— die Richtlinie 2009/130/EG der Kommission vom 12. Oktober 2009 (ABl. L 268 vom 13.10.2009, S. 5),

— die Richtlinie 2009/134/EG der Kommission vom 28. Oktober 2009 (ABl. L 282 vom 29.10.2009, S. 15),

— die Richtlinie 2009/159/EU der Kommission vom 16. Dezember 2009 (ABl. L 336 vom 18.12.2009, S. 29),

— die Verordnung (EG) Nr. 1223/2009 des Europäischen Parlaments und des Rates vom 30. November 2009 (ABl. L 342 vom 22.12.2009, S. 59),

— die Richtlinie 2009/164/EU der Kommission vom 22. Dezember 2009 (ABl. L 344 vom 23.12.2009, S. 41),

— die Richtlinie 2010/3/EU der Kommission vom 1. Februar 2010 (ABl. L 29 vom 2.2.2010, S. 5),

— die Richtlinie 2010/4/EU der Kommission vom 8. Februar 2010 (ABl. L 36 vom 9.2.2010, S. 21),

— die Richtlinie 2011/59/EU der Kommission vom 13. Mai 2011 (ABl. L 125 vom 14.5.2011, S. 17),

— die Richtlinie 2011/84/EU des Rates vom 20. September 2011 (ABl. L 283 vom 29.10.2011, S. 36) und

— den Durchführungsbeschluss 2012/21/EU der Kommission vom 2. August 2012 (ABl. L 208 vom 3.8.2012, S. 8).

Die Richtlinie 76/768/EWG wird mit Wirkung vom 11. Juli 2013 aufgehoben und wird ersetzt durch die Verordnung (EG) Nr. 1223/2009 des Europäischen Parlaments und des Rates vom 30. November 2009 über kosmetische Mittel (ABl. L 342 vom 22.12.2009, S. 59).

2. Verordnung (EG) Nr. 1223/2009 des Europäischen Parlaments und des Rates vom 30. November 2009 über kosmetische Mittel (ABl. L 342 vom 22.12.2009, S. 59), geändert durch:

— die Verordnung (EU) Nr. 344/2013 der Kommission vom 4. April 2013 zur Änderung der Anhänge II, III, V und VI der Verordnung (EG) Nr. 1223/2009 des Europäischen Parlaments und des Rates über kosmetische Mittel (ABl. L 114 vom 25.4.2013, S. 1) und

— die Verordnung (EU) Nr. 483/2013 der Kommission vom 24. Mai 2013 zur Änderung des Anhangs III der Verordnung (EG) Nr. 1223/2009 des Europäischen Parlaments und des Rates über kosmetische Mittel (ABl. L 139 vom 25.5.2013, S. 8).

3. Richtlinie 80/1335/EWG der Kommission vom 22. Dezember 1980 zur Angleichung der Rechtsvorschriften der Mitgliedstaaten über Analysemethoden zur Kontrolle der Zusammensetzung der kosmetischen Mittel (ABl. L 383 vom 31.12.1980, S. 27), geändert durch die Richtlinie 87/143/EEC der Kommission vom 10. Februar 1987 (ABl. L 57 vom 27.2.1987, S. 56).

4. Richtlinie 82/434/EWG der Kommission vom 14. Mai 1982 zur Angleichung der Rechtsvorschriften der Mitgliedstaaten über Analysemethoden zur Kontrolle der Zusammensetzung der kosmetischen Mittel (ABl. L 185 vom 30.6.1982, S. 1), geändert durch die Richtlinie 90/207/EEC der Kommission vom 4. April 1990 (ABl. L 108 vom 28.4.1990, S. 92).

5. Richtlinie 83/514/EWG der Kommission vom 27. September 1983 zur Angleichung der Rechtsvorschriften der Mitgliedstaaten über Analysemethoden zur Kontrolle der Zusammensetzung der kosmetischen Mittel (ABl. L 291 vom 24.10.1983, S. 9).

6. Richtlinie 85/490/EWG der Kommission vom 11. Oktober 1985 zur Angleichung der Rechtsvorschriften der Mitgliedstaaten über Analysemethoden zur Kontrolle der Zusammensetzung der kosmetischen Mittel (ABl. L 295 vom 7.11.1985, S. 30).

7. Richtlinie 93/73/EWG der Kommission vom 9. September 1993 über Analysemethoden zur Kontrolle der Zusammensetzung kosmetischer Mittel (ABl. L 231 vom 14.9.1993, S. 34).

8. Richtlinie 95/17/EG der Kommission vom 19. Juni 1995 mit Durchführungsvorschriften zur Richtlinie 76/768/EWG des Rates betreffend die Nichteintragung eines oder mehrerer Bestandteile in die für die Etikettierung kosmetischer Mittel vorgesehene Liste (ABl. L 140 vom 23.6.1995, S. 26), geändert durch:

— die Richtlinie 2006/81/EG der Kommission vom 23. Oktober 2006 (ABl. L 362 vom 20.12.2006, S. 92) und

— die Akte über die Bedingungen des Beitritts der Tschechischen Republik, der Republik Estland, der Republik Zypern, der Republik Lettland, der Republik Litauen, der Republik Ungarn, der Republik Malta, der Republik Polen, der Republik Slowenien und der Slowakischen Republik und die Anpassungen der die Europäische Union begründenden Verträge (ABl. L 236 vom 23.9.2003, S. 33).

Die Richtlinie 95/17/EG der Kommission wird mit Wirkung vom 11. Juli 2013 aufgehoben.

9. Richtlinie 95/32/EG der Kommission vom 7. Juli 1995 über Analysemethoden zur Kontrolle der Zusammensetzung kosmetischer Mittel (ABl. L 178 vom 28.7.1995, S. 20).

10. Richtlinie 96/45/EG der Kommission vom 2. Juli 1996 über Analysemethoden zur Kontrolle der Zusammensetzung kosmetischer Mittel (ABl. L 213 vom 22.8.1996, S. 8).

11. Beschluss der Kommission vom 8. Mai 1996 zur Festlegung einer Liste und einer gemeinsamen Nomenklatur der Bestandteile kosmetischer Mittel (ABl. L 132 vom 1.6.1996, S. 1), geändert durch den Beschluss 2006/257/EG der Kommission (ABl. L 97 vom 5.4.2006, S. 1).

III. **MEDIZINPRODUKTE**

RECHTSAKTE, AUF DIE BEZUG GENOMMEN WIRD

1. Richtlinie 90/385/EWG des Rates vom 20. Juni 1990 zur Angleichung der Rechtsvorschriften der Mitgliedstaaten über aktive implantierbare medizinische Geräte (ABl. L 189 vom 20.7.1990, S. 17), geändert durch:

   — die Richtlinie 93/42/EWG des Rates vom 14. Juni 1993 (ABl. L 169 vom 12.7.1993, S. 1),

   — die Richtlinie 93/68/EWG des Rates vom 22. Juli 1993 (ABl. L 220 vom 30.8.1993, S. 1),

   — die Verordnung (EG) Nr. 1882/2003 des Europäischen Parlaments und des Rates vom 29. September 2003 (ABl. L 284 vom 31.10.2003, S. 1) und

   — die Richtlinie 2007/47/EG des Europäischen Parlaments und des Rates vom 5. September 2007 (ABl. L 247 vom 21.9.2007, S. 21).

2. Richtlinie 93/42/EWG des Rates vom 14. Juni 1993 über Medizinprodukte (ABl. L 169 vom 12.7.1993, S. 1), geändert durch:

   — die Richtlinie 98/79/EG des Europäischen Parlaments und des Rates vom 27. Oktober 1998 über In-vitro-Diagnostika (ABl. L 331 vom 7.12.1998, S. 1),

   — die Richtlinie 2000/70/EG des Europäischen Parlaments und des Rates vom 16. November 2000 zur Änderung der Richtlinie 93/42/EWG des Rates hinsichtlich Medizinprodukten, die stabile Derivate aus menschlichem Blut oder Blutplasma enthalten (ABl. L 313 vom 13.12.2000, S. 22),

   — die Richtlinie 2001/104/EG des Europäischen Parlaments und des Rates vom 7. Dezember 2001 zur Änderung der Richtlinie 93/42/EWG des Rates über Medizinprodukte (ABl. L 6 vom 10.1.2002, S. 50),

   — die Verordnung (EG) Nr. 1882/2003 des Europäischen Parlaments und des Rates vom 29. September 2003 (ABl. L 284 vom 31.10.2003, S. 1) und

   — die Richtlinie 2007/47/EG des Europäischen Parlaments und des Rates vom 5. September 2007 (ABl. L 247 vom 21.9.2007, S. 21).

3. Richtlinie 98/79/EG des Europäischen Parlaments und des Rates vom 27. Oktober 1998 über In-vitro-Diagnostika (ABl. L 331 vom 7.12.1998, S. 1), geändert durch:

   — die Verordnung (EG) Nr. 1882/2003 des Europäischen Parlaments und des Rates vom 29. September 2003 (ABl. L 284 vom 31.10.2003, S. 1),

   — die Verordnung (EG) Nr. 596/2009 des Europäischen Parlaments und des Rates vom 18. Juni 2009 (ABl. L 188 vom 18.7.2009, S. 14) und

   — die Richtlinie 2011/100/EU der Kommission vom 20. Dezember 2011 (ABl. L 341 vom 22.12.2011, S. 50).

4. Entscheidung 2002/364/EG der Kommission vom 7. Mai 2002 über Gemeinsame Technische Spezifikationen für In-Vitro-Diagnostika (ABl. L 131 vom 16.5.2002, S. 17), geändert durch:

   — die Entscheidung 2009/108/EG der Kommission vom 3. Februar 2009 (ABl. L 39 vom 10.2.2009, S. 34),

   — die Entscheidung 2009/886/EG der Kommission vom 27. November 2009 (ABl. L 318 vom 4.12.2009, S. 25) und

   — den Beschluss 2011/869/EU der Kommission vom 20. Dezember 2011 (ABl. L 341 vom 22.12.2011, S. 63).

5. Richtlinie 2003/12/EG der Kommission vom 3. Februar 2003 zur Neuklassifizierung von Brustimplantaten im Rahmen der Richtlinie 93/42/EWG über Medizinprodukte (ABl. L 28 vom 4.2.2003, S. 43).

6. Richtlinie 2003/32/EG der Kommission vom 23. April 2003 mit genauen Spezifikationen bezüglich der in der Richtlinie 93/42/EWG des Rates festgelegten Anforderungen an unter Verwendung von Gewebe tierischen Ursprungs hergestellte Medizinprodukte (ABl. L 105 vom 26.4.2003, S. 18).

7. Richtlinie 2005/50/EG der Kommission vom 11. August 2005 zur Neuklassifizierung von Gelenkersatz für Hüfte, Knie und Schulter im Rahmen der Richtlinie 93/42/EWG des Rates über Medizinprodukte (ABl. L 210 vom 12.8.2005, S. 41).

8. Beschluss 2010/227/EU der Kommission vom 19. April 2010 über die Europäische Datenbank für Medizinprodukte (Eudamed) (ABl. L 102 vom 23.4.2010, S. 45).

9. Verordnung (EU) Nr. 207/2012 der Kommission vom 9. März 2012 über elektronische Gebrauchsanweisungen für Medizinprodukte (ABl. L 72 vom 10.3.2012, S. 28).

10. Verordnung (EU) Nr. 722/2012 der Kommission vom 8. August 2012 über besondere Anforderungen betreffend die in der Richtlinie 90/385/EWG bzw. 93/42/EWG des Rates festgelegten Anforderungen an unter Verwendung von Gewebe tierischen Ursprungs hergestellte aktive implantierbare medizinische Geräte und Medizinprodukte (ABl. L 212 vom 9.8.2012, S. 3).“